목성에서 말타기

목성에서 말타기

차영호 시집

도서출판 움

■ 시인의 말

†
밤
하늘을
들여다봅니다

어둠조차
오염된 어둠
⋯⋯⋯⋯⋯⋯
어여 시궁에 빠진
별들을 건져야
겠습니다

눈물로 헹구어 제자리에
조롱조롱 내걸려구요

2020년 가을
큰섬마을 관유려에서

차영호

차례

시인의 말

1부 자고새가 나는 밀밭

13　시작詩作
14　목탁
16　흘러간 그 노래
18　매향연서梅香戀書
20　스틸녹스 정
22　몽유끽연도夢遊喫煙圖
24　사월
26　송이
28　풍접초風蝶草
30　골리수액骨利樹液
32　혜초선사의 본명
33　몽골초원 스냅
40　물양귀비
42　곡우穀雨
44　영춘永春을 지나며
46　자고새가 나는 밀밭

2부 검은 건반 몇 개만으로

51 사랑이란
52 늦은 아침
54 그리운 통역기
56 매미
58 매향 출두埋香 出頭
60 황송한 족적
62 착화탄着火炭
64 좁쌀알만 한
66 화개花開
68 장자莊子와 석빙고
70 그녀의 정체
72 목성에서 말타기
76 Y
78 향산재響山齋
80 명命

3부 수평선

85   수평선 — 첫사랑
86   수평선 — 적삼
87   수평선 — 국궁國弓
88   수평선 — 엘피판
89   수평선 — 철모
90   수평선 — 블랙홀
92   수평선 — 귀향
94   수평선 — 배변
96   수평선 — 복사꽃
98   수평선 — ㆁ
100 수평선 — 박바위
102 수평선 — J
104 수평선 — 봉황산
106 수평선 — 학꽁치
108 수평선 — 오징어
110 수평선 — 말
112 수평선 — 갯메꽃
114 해일, 그 이후

작품 해설 | 김상환
115 말과 사물, 또는 그리움이라는 길별

1부
자고새가 나는 밀밭

시작詩作

말은 거울이라고?

그럼 나는 여태껏 거울 잔등에 올라타고
꼬질꼬질한 빨래를 빨고 있었던 게로구나

목탁

살구꽃 그늘에서
살구나무를 깎는다

살구나무 나이테 속에 웅크리고 있던 새들이
포롱포롱 포롱 날아나온다

살구꽃 가지에 기대 울다 별이 된
그날 저녁처럼
오늘도
스피카Spica*는 눈자위를 훔기고 있을까?

추억은
켜켜이 괴어 화농한 미련을 따라내고
독주毒酒를 부어 다시 채운
독

흐릿한 것이 돋보기 너머 세상만은 아닐지라도
처녀자리에 붙박인 별이여,

니 눈은
내 혼신이 녹아든 목탁

목탁을 두드리는 것은
새를 도로 잡아넣는 일
세월 밖에서 별의 댕기를 만지작거리는 거야

* 처녀자리에서 가장 밝은 별의 이름.

흘러간 그 노래

너는 그리움 분무기
저무는 하늘에 이내를 갈아 곱게 뿌리고
저 멀리 산그늘 밑으로는 잔별가루를
솔솔

어린 내가 장고개* 외딴집 사랑에 살 때
모기장 속에 뿜겨오던
촘촘한 저녁의 입자와 같이

푸른 땀내 날리며
소행성 틈새 비집고
카이퍼 벨트를 내닫고 있는 말발굽들

그리움은 먼저 길 떠난 별들의 갈기
고요한 베어링 속에 살면서
베어링보다 바삐 나부대는 쇠구슬

늘 내 입안을 맴돌면서도

나랑 공범이기를 부정하며 흘러만 가는
그대여

그 곡조 웅얼거리기는
가없는 우주에 좌르륵좌르륵
무궁동無窮動의 쇠구슬 쏟기

* 충청북도 청주시 오송읍 봉산리 2구.

매향연서 梅香戀書

   삼십년 만에 창호지로 문을 바른 방에서 잠을 잤습니다
촉촉 추억에 젖은 밤새가 울고
누구신가요
해끗해끗 나비 떼 날리는 그대
웅크린 실루엣 너머 진즉부터 매콤한 체취가 문풍지를 적십디다

   나는 지금 외딴 마을에서 그리움을 만지작거리고 있습니다 오래 전부터 수없이 날려 보냈지만 멀리 날릴수록 얼른 되돌아와 손바닥에 도로 얹혀있는 이 원반이 날아갈 곳은 오직 한 군데뿐, 새벽하늘을 올려다봅니다 아직도 별이 초롱초롱합니다 별 하나가 앉은걸음으로 다가와 속닥입니다

   우리는 그리움에 대해 책임이 있어 태초부터 우리 자신이었던 다른 조각들이 어디에 흩어져 살고 있는지 알지 못하기 때문이지 그 조각들이 잘 지내고 있을 때 우리는 역시 행복해*

봉창을 엽니다 강물이 세월처럼 들여다보입니다 아까보다 훨씬 빠르게 흐릅니다 별들도 콸콸 흐르기 시작하고 우주는 이내 범람할 것 같습니다 별들의 이마를 겨냥하여 꽃잎들이 날아내립니다 나도 함께 떠내려갑니다

　* 『브리다』, 파울로 코엘료.

스틸녹스 정*

내 잠은 요트하버
알약처럼 장전되어 있던 배들이 형형
색색 돛을 흔들며
떠나간다

뻐꾸기 울음도 가닥가닥 얽혀 있고
별들이 슬어놓은 서캐 군시러운
보푸라기들

오늘도 그날처럼
좀생이별들이 고무락고무락
바다는 항적 따라 너울너울

무서리 엄습하기 전에
너를 잊으려
채비 단단히 하고 나서는 길

일렁이는 물그림자는

어느 별에서 타전해온 암호부스러기를
몰래 쓸어 담고 있는 걸까?

내 실면失眠의 만灣을 쟁기질하는 바람은
바람일 뿐만이 아니어서
매양 펄럭거리기만 하는 것은 아니거늘

* Stilnox Tab : 최면진정제.

몽유끽연도 夢遊喫煙圖

끊은 지 십 년이 넘었는데
오늘은 낮잠 속에서 새 세상 만난 듯
담배 피우는 나를 만났다
우주를 송두리째 한 모금에 빨아들여
맛나게 소용돌이치는 블랙홀
말머리성운이 갈기를 흩날리며 히히힝
아득한 성간星間을 내닫고 있었다
그 바람에 기침하셨는지
어제 뵌 열암곡 새갓골* 마애불님께서
지금이 어느 때냐고 물으셨다
내가 입 안 가득 머금은 미련 땜에 어물어물
일어나실 인연이라고 여쭙기도 전에
온 우주를 코딱지만 하게 뭉쳐 코앞에 두고는
엎더진 채 코를 다시 고신다
한숨 더 자고 일어날 테니
니 놈은 어여 담배 끊을 궁리나 하라는 듯……
입때까지 천년을 주무셔도 콧구멍조차 필요 없는 분이니

입술을 옴쭉 하실 리 만무하건만

나는 셔터를 누르기 시작하였다

배터리가 거덜 날 때까지 궁리를 하였다

디카를 조작하여 돌아 눕혀드릴까?

그나저나 아까 담뱃불은 제대로 비벼 껐는지 몰라

* 경상북도 경주시 내남면 노곡리.

사월

다음에 또 목성으로 낚시 가면
우리 받침대를 꽂았던 늪가
말라죽은 나무를 뿌리째 스캔해 와야지

3D 프린트해서 몇 그루 머리맡에 심어두고
뭇별들 이슬 길어내어 분무하면
기지개 켜는 심줄
가닥가닥 뽑아 기타 줄을 맬 거야

하얀 피크로 열두 줄 한꺼번에 뜯으며
니 팔목처럼 가느댕댕한 목소리도 곁들일 게

오밤중에 천정천 가운데 누워
가늠하던 천칭
우리 별자리

아직도 그 밤, 긴 꼬리 별똥을 생각하느냐며
사월사월 모래톱 허무는

사월

암내 난 고양이가 웅크린 시멘트 보 너머
삼생에 부모 여읜
삼천 아이가
울고

송이

모실* 살 때 몇 날 며칠 날 궂고
장대비 억수로 퍼부으면
앞산 시루봉 중턱쯤에서 우릉우릉 우르릉
풍동風洞인 양 마구 바람 달려 나오고
개샘이 터져 횃댓보같이 내걸리곤 하였지

그게 터진 골짜기 아랫마을 숲정이에는
대낮에도 은하수 굽이쳐 흘러
눈 꼭 감아도 훤히 보인다는 까막까치다리

나는 뜨내기라서 물소리 듣고 발딱
고개를 잦혀야
비로소 폭포가 보였어

날이 들어 물 잦고
물기둥 쏟아내던 구멍을 찾을라치면
여기 어디께서 그 많은 물 우악스럽게 쏟아졌을까?
도무지 궁금해지기만 하는

돌너덜

가마득하게
치마폭에 들러붙은 솔가리 털며 일어서던
그 애는 지금도 씨익 웃고만 있는지

* 충청북도 단양군 어상천면 연곡리.

풍접초風蝶草

 또 모실 살 때 이야기야, 사택 마당 한복판 조막만한 돌부리가 느닷없이 내 발톱을 후려차지 않겠어? 처음에는 막대기로 호비작거리다가 호미를 들었지 그게 두고두고 곡괭이질을 해도 밑도 끝도 없는 거야 날마다 조금조금 자라 드디어 집채만 해진 돌, 해가 바뀌어도 녀석이 황소고집 피워 자꾸만 아래로 버팅기더군

 바야흐로 늦은 봄날 종일 훌쩍이던 빗물이 철렁하게 고고 한가운데 솟아난 엉뚱한 석산…… 새 못 둘레에 봉숭아며 백일홍, 분꽃이랑 풍접초를 심으면서 얼마 안 있음 이 꽃들이 뿌리를 내어 저 돌을 감싸 쥐고 힘껏 TV안테나처럼 돌려댈 거라는 생각을 했었지 덕분에 땅속나라 사람들이 바람나비 되어 하양 연분홍 분홍 족두리 쓰고 더듬이 쫑긋거리며 바깥세상 이야기를 시청하게 될 거라고

 그런데 그해 여름 내내 비가 잦아서 달뿌리풀들이 늘 바짓가랑이를 걷어붙이고 물살 센 개울을 더듬적더듬적

건너다니는 바람에 그 애도 늘 속눈썹 긴 윤슬을 깜빡거렸어

골리수액 骨利樹液

며칠 동안 고로쇠 물을 마셨다
처음에는 링거 줄을 치렁치렁 매단
고로쇠나무의 비명이 들려와
귀를 막기도 했다

드디어
이마빡이며 가슴안팎으로
고로쇠 새순이 돋기 시작한다

볼고작작하게
숨구멍을 비집고 나오는
연둣빛 움

자리에 누워도
마른 나무 아랫도리마다 봄을 주입하는 산신령 뒤태가 어룽어룽 어룽거리고
낭창낭창 낭창대는 호드기소리

오늘 하루쯤은 나도 시치미 떼고
봄 나무인 양 된비알을 서성이려고 했더니
진종일 궂은비가 추적추적 추적

그래도 다행인 것은
내가 다세대주택 3층에 살아
억수로 비가 쏟아질지라도
구들장 밑으로는 물이 스미지 않는다는 것

혜초선사의 본명

국립중앙박물관에 가서
큰맘 먹고 모셔온 왕오천축국전을 들여다보았네
치성 드리듯 공들여 쓴 글자 한 자 한 자에 취해
넋 놓고 있다가 문득,
혜초선사의 본명이 궁금해질 찰나
혹시 차영호 아냐?
불쑥 내 귓바퀴를 잡아끄는 목소리
사십 년쯤, 아니 사백 년쯤, 아니 아니 사천 년쯤
돌돌 말아둔 두루마리가 무턱대고 펼쳐지고
그리운 갈래머리가 찰랑찰랑
서울 하늘 저녁놀이 우리 열일곱 살 적보다 더 붉디붉고
하행열차 차창에 어룽이는 이내는
두어 뼘만 펼쳐놓은 진본처럼 눈 시리더군

몽골초원 스냅

1.
테렐지* 가는 길
외줄기 선로를 모로 베고 누워
기일게 하품하는
지평선

석양은
덥수룩한 종마의 갈기 너머
갈치조림처럼 보글거리고

나는
내가 기착해야 할 저녁을
손차양하고 내다보고 있었지요

참으로 말젖을 끓이다 말고
눈시울 훔치며 웃는
게르 앞 솜다리꽃

고무락고무락
말발굽 사이를 삐져나온 땅거미가
내 귓바퀴 좁쌀알 매만지며 속닥입디다

– 초원에는 애당초 길이 없었던 거야
그러니 새삼스럽게 잃어버릴 길 따윈 없는 거지

2.
연노랑 두메양귀비가
나를 불러 앉힙니다

소슬한 민낯 보조개 속 애벌레의
독무를 들여다보노라니

올제이 후투그*,
입술 깨문 당신의 웃음 뒤켠
차곡차곡 접어둔 몽혼夢魂이
어룽어룽 어룽거리네요

3.
말을 타고 물을 건넙니다
말 잔등에 올라앉아
물을 건너기는
처음,

말은 눈을 끔쩍여
대수롭지 않은 일임을 천명하고
묵묵히 개울 바닥의 자갈돌을 다져 디디며
나아갑니다

물 복판에 서니 문득
앞쪽도
뒤쪽도
모두 건너편

강물이 낯선 말장화 속으로 초근초근 초근 스며들고
까닭 모를 눈물이

돕니다
핑

4.
오늘 날짜가 어디쯤 가고 있는지
무슨 요일인지
필요조차 없는
적막
헤집고……

모래 둔덕을 막 넘어서는
구름자락 끌리는 소리

귀 기울이지 않아도 역력한
지구 돌아가는
소리

고삐를 잘라

고비 사막 너머로 내던지고

추,
추ㅡ!

마구 내닫는 말굽에서 몽글몽글 몽글
피어나는
환성

5.
꽃 범벅

가을 여름 봄,
계절 셋이 꽃무지처럼 한데 머리를 맞대고
하양 노랑 파랑 분홍 주홍 보라…… 버물버물 버물
통구바리하고 있어요

6.

한국을 무지개나라*라고 부르는 이들이 양 떼랑 소, 말들과 팔베개하고 밤마다 올려다보는
　주먹덩이만한
　별

　모두
　장군감입니다
　대뜸 팔뚝 욕을 한 방씩,
　내 어릴 적 호밀짚 멍석 위에 홑이불처럼 덮인 밤하늘이 꼭 저랬었거든요

　그리운 그때는
　팔뚝을 까 밀어 쑥떡 멕이는 것이 왜
　욕이 되는 줄 몰랐었을 때

　시방도
　가없는 별밭에서 편자를 끼지 않고 달음질치는 색동 말발굽 소리가 지구 모퉁이를 돌아 조붓한 내 귓구멍 속

까지 너끈하게 들립니다

* Terelji. 몽골의 국립공원 이름.
* Öljei Khutugh(完者 忽都), 기 황후의 몽골식 이름.
* 몽골어로 '솔롱고스', '솔롱고'는 무지개를 뜻함.

물양귀비

니가 보낸 영상메일을 열 때마다
노랑 꽃낮 한복판에 아슴아슴 접힌
금

가을이 병처럼 깊기 전에
뿌루퉁한 돌확 구슬려
물양귀비 두어 뿌리 꽂고 노랑연두처럼 기둘렸어

햇빛 심지 졸아들 대로 졸아든 삼동三冬 내내
마른 햇살을 솔개비인 양 꺾어 넣고
지피고 지펴도 지펴지지 않는 명줄

경칩 지나도 고이 접은 편지지 한 장 내비치지 않아
밤하늘에 먹지를 대고 편지를 쓰니
속눈썹이 짙은 별부터 판박이 되더군

꺼풀을 벗기면
그 안쪽에 아롱아롱 아롱이는 것

두 겹이고 세 겹이고 홀딱 벗겨내야 비로소
알요강같이 박혀 있는
바다

저 물밑 어디쯤에서
그리운 노랑 꽃낯 보조개
너와 내가 맞잡았던 손울타리 넘어
먼 길 나설 채비를 하고 있을까?

곡우 穀雨

니가 가고 첫봄
새벽마다 날 찾아와도
마중은커녕
배웅도
차마 못하였다

봄날이 다 가기도 전에 발길 뜸해져
이제는
불쑥
나타나기 전에는
시방천지 수소문할 길 없으니

잠 고샅마다
노고봉* 노루 귀 쫑긋거려도
너는 이미 기다릴 리 없고

지구 귀퉁이에 각시붓꽃
파랑파랑 파랑거려도

멀거니

눈시울 붉힐 자격조차 나는 없어

마른하늘에서 투두둑

먼지잼

* 내 고향 충청북도 청원군 부용면에 있던 산, 지금은 세종시 부강면에 자리함. 해발 305m.

영춘永春을 지나며

1.
강모롱이 굽도는 비알밭둑에 붙박여
봄 산을 넘기며
입술 달싹달싹 달싹이는
저 꽃

사는 게
다
뒤웅박
팔자소관이어서……

풍류랑 어우러지면
산도화

나 같은 무지렁이를 품으면
개복상꽃

2.
바다를 내가 만나기 훨씬 전부터
바다색 주름을 나풀거리기 시작하여
바닷가에 눈 딱 감고 눌러살아도
바다 가득 찰람찰람 찰람대는
바다색 주름
치마

기왕
도둑맞을 양이면
아랫도리까지 내줄 걸

단숨에
남한강을 거슬러
어상천魚上川 모실까지 치고 오르는 쌉싸래한
수수미꾸리 떼

자고새가 나는 밀밭*

정오가 배꼽 위로 엎어지자
기지개를 켜는
관객

가늠쇠 선단 위로
자고새 날고……

소스라친 고공高空에는
노고지리
한 톨

아아, 그리운
총성銃聲

바다로 열린 밀밭길에서는
구름이 요분질하지 않아도

소낙비 그립다

* 빈센트 반 고흐, 1887년, 캔버스에 유화, 53.7×65.2cm.

2부
검은 건반 몇 개만으로

사랑이란

샌들을 신고
엄지발가락을 꼼지락거리는 것

그리하여
무꽁댕이같은 새끼발가락부터

노닥노닥

세상을 죄다
바람 들게 하는 것

늦은 아침

1.
또 하루를 연다
유리창은 골목 풍경을 베어 문 캔버스
내가 좌에서 우로 기지개를 켜면
우에서 좌로 화폭을 펼치지

바야흐로 대한민국 시인, 김관식이 가물거리는 명줄 그러잡고 내지른
「병상록病床錄」을 들추고 있는데
손전화 메시지
떼록

시인 김□규* 별세

만나본 적 없다는 것은 어인 인연이 되는가?
만나본 적 없는 이의 만나본 적 없는 명세가 어룽거리네

2.

까치 한 쌍이 전봇대에 집을 짓는다
철사, 비닐 끈, 극세사 파란 수건쪼가리
버려진 것들을 물어다
허공을 얽는다

피아노는 어느새 들여놓았나?
어디다 숨겨 놓고
건반을 두드려대는 거야

경상북도 포항시 남구 상공로18번길, 유일하게
초록을 기억하는 내외內外여

검은 건반 몇 개만으로
어쩜 그렇게 멋진 가락을 초록초록 초록
펼쳐 보일 수 있는 거니?

　*　그는 내 두 번째 시집『애기앉은부채』를《문학의 전당·시인선 96》으로 엮어주었으나 이승에서 우리는 일면식도 없었음.

그리운 통역기

그걸 찾아 헤매던 시절이 있었어
속주머니에 감추면
니 말을
너 몰래 알아들을 수 있게 속닥여주는

너만 모르지?
널 만난 뒤 내가 얼마나 진화했는지
갈라파고스 거북처럼 납작해진 어깨
졸아든 흰자위…… 아예 새로운 종으로
개종된 걸

숫된 영지를 점령한 발톱과 눈매
눈부신 맹금의 속도여
내가 알아채지 못하게 빨리빨리 빨리 둔갑하니
암만 궁굴려도 분별할 수 없는 말 궁둥이

 차라리 어둔 물속 은린銀鱗이나 산새
 들짐승들을 불러내어

끼리끼리 묵언 콘서트를 열어볼까?

아직도 미안한 생각
간절하네, 통역기가 없어 밤새 술안주로 뜯던 바싹 마른 노가리 찝찌름한 눈깔

매미

그녀가 떠났다
여름내 나랑 그늘을 병작하던 그녀가
훌쩍, 뒤도 돌아보지 않고
떠날 수 있었던 것은?

응달바지라 알곡 소출이 시원찮고
동부꼬투리마저 빈 쭉정이
쇠비름만 소똥보다 더 푸지게 철퍼덕거리기 때문만은 아닐 게다

우리 소품을 정리해 두었던 영지가 산사태에 떼밀려
피난을 가고
그늘도 출렁이며 떠난 뒤,

그녀랑 내가 호루라기 불어대며
굴러온 돌들을 일일이 점고하였으나
하나같이 예전의 그늘을 그리워하였기 때문이리라

내게도 애인이 있었다, 밤마다
편평하게 깔려 있는 그늘을 더 편평하게 까는
그녀

그녀는 시치미를 뚝 떼고 날아갔다
그녀보다 시치미가 더 아스라이 날아가 버렸다

매향 출두 埋香 出頭
– 박재삼 선생 시 「천년의 바람」으로부터

천년 전에 하던 장난을
바람은 아직도 하고 있다는 말씀은
경전이다

보아라
봉남천 건너 향포 잿등 오르는 처녀
저 숫된 옆구리를 간질이고 있지 않느냐?

어제보다 더 패인 가슴골
59억 7천만 년 지나 시방천지 적실 젖꼭지를
보아라 보아라

이윽고 징검징검 섬들 건너뛰어
구량량 용두머리께에 이르러 머리채 풀고
샐그러뜨리리라, 하늘도 가장 높은 하늘의 문지도리를

낌새를 알아챈 고기 떼 사천만 그득
윤슬처럼 튀어 오르지 않느냐?

와룡산 너른 품속 온갖 짐승과 새 무리도 매한가지

　그러므로 무뚜뚜루미 바라만보고 있지 말 일이다
　사람아 사람아
　무량한 냄새 가닥 중에 돈 냄새나 좇으며, 꼴깍 침을 삼키는 사람아

황송한 족적

  가을 들어 연거푸 세 번이나 들이닥친 태풍을 견딘 사과알들이 너처럼 탱탱, 사과밭 울타리 아까시나무 가시에 걸린 비닐수건으로 젖통을 닦는다

  간밤 내내 막무가내로 별들을 눕히고
  사금 일 듯 일어대며
  물 간 자리

  젖몸살에는 옥수수염 우린 물이 직방이라는
  니 말을 염불하며
  펄쩍,

  지구 맨살에
  황송한
  족적

  달개비, 저 놈
  신새벽부터 하늘을 쪼아

파란 부리가 더 파랗잖아

짐짓 안개 피우다 말고 나는
침침한 내 눈의 문법을 따라
옥수수수염 젖은 고랑을 뒷전에 숨기고
산이 가로막아도 경적을 울리지 않기로 하였다

착화탄 着火炭

나는 밑천을 아랑곳하지 않고
곧잘 판을 벌리곤 하지

사랑 연료가 얼마나 남았는지 가늠해보지 않고
덥석 미끼를 물고 흔들기도 하고

아픈 재고를 들춰보지 않고
막무가내로 가슴팍 두드린 적도 있어

요즘은 비애悲哀 잔량을 헤아려보지도 않은 채
무턱대고 눈물 먼저 흘리기까지 하네

잔고를 파악할 치부책이 없을 뿐더러
너를 기다려야 하는 달뜬 구름을 자질할 줄자조차
나는 지닌 적 없는데

빈자리 둘러보지 않아도
악머구리 떼처럼 엄습하는 그리움

<

공원묘지에 줄지어선 납골함 문패같이

눈부시게 나를 투시하는

길고 긴 행렬이라니

좁쌀알만 한

내 양 귓바퀴 한복판에 하나씩
좁쌀알만 한 게 뾰족 돋아 있다

아부지는 종종
자식의 어린 귀를 만지작만지작
만지작

훌쩍 자란 내가 객기를 부리면
잠자코 손을 이끌어
당신 귓바퀴를 더듬게 하셨다

나도 모르게
눈물 도토리팽이를 팽 돌리는
묵언

…… 귓바퀴 좁쌀은 아무 가문에나 있는 게 아니니 분명,
 분명 너는 내 아들,
 내 아들이 그러면 쓰나

<
장승 눈방울보다 더 깊이
새기고 계셨던 것이다

화개花開

서너 해 전 울지도 못하고 날아간 매미
그 포물선이 오늘도 나에게
우산을 씌워주네

투명한 날개맥 따라 물큰
폭발하는 그리움버섯
구름

깜깜한 바다 밑구녕에 가라앉아
범벅된 따그랭이
하루에 한 양동이씩만
자네 몰래 버리기로 작심하였네

하루에 한 양동이씩 내다 버리면
비워지기는 비워지려나

저 꽃
마른 가지에 영정 같은 꽃

기어이 아닌 겨울에 피어 찬비를 맞누?

장자莊子와 석빙고

청도에 가서
석빙고 속에 들어가 얼음장으로 차곡차곡 쟁여져 있다가 문득,
하늘을 올려다보네

쨍그랑, 유리창과 함께 깨져 내리는
흰긴수염고래

아득한 별 안개를 헤치고
하늘 너머 먼 세상에서 날아든 고래, 아니
곤鯤이여

내리 삼 년 굶주린 이서국 사람들
아귀악신 들러붙어
몇 달은 족히 뜯어먹었으리

몸 보시하고 남겨진 늑골
무슨 할 일이 더 남아 있어

아직까지 이륙하지 않고 코를 골고 있는지

뼛속에 경전을 도로 묻고
마니차摩尼車 돌리듯 밥통 언저리를 문지르면
따뜻한 피 다시 돌아나

훌쩍, 저기 저 남쪽 읍성 너머 아지랑이를 타고 날아오르는
붕鵬

그녀의 정체

   명주실오라기 한 올 초저녁 강변 고층아파트 허리에 감겨 있다
   저렇게 가는 눈썹도 눈썹이었는가?

   두어 번
   그녀가 미간을 찌푸리는 동안

   철교는 울먹이는 애 업어 건네고
   서산은 솔숲 뒤 개밥바라기를 냉큼 지우니
   가는등갈퀴 보라꽃등 켜 든 둑길이 뱃머리에 우리 둘이를 싣고 물결 따라

   당신은
   누구시길래······*

   폰을 문질러
   달력을 꺼냈다

쯧,

괜스레 들추어낸 오월
초하룻달

* 가수 심수봉이 부른 노래 구절.

목성에서 말타기

1.
날마다 몇 두름씩 말을 훔쳐내어
장물로 파는 무리가 있어
세상은 멈칫멈칫 멈춰서고

달아난 말은 결국 늪에 이르지만
허우적거리며 투레질하는 말을
어찌 나무랄 수 있으랴

갈대 스러진 갯골에 모새달
거세말 걸음새로 겅중겅중 겅중 번져
갈대는 그림자조차 두 번 다시 얼찐거리지 못하고

갈대밭에 이르지 못한 설움이
'갈대밭'이라는 간판을 달고
짐짓 영업을 하느니

2.

몇 해 전 죽은 말이 빽빽
유리창에 코를 문질러댄다

밤새 푸르릉거리다가
이윽고 멎는
뇌성

유골이 된 가슴팍에는
그을음만 자욱하다

3.
마방 친구여, 잊지 마오
기억이 멈추는
행성

낡은 말 몇 마리 토닥여
마필 대여업을 하려면

그대 손결이 꼭 필요한

피안

4.
목성의 연인 이오와 유로파가
말과 어깨를 겯고
저녁 하늘 나직하게 산책하고 있네

그녀들이 샐쭉 눈 흘길 때마다
뭉그적거리는
말

어제는 서쪽으로 두어 걸음 앞선 게 말이었으니
내일쯤은 그녀들이 한발 앞장서겠군

5.
생쥐 떼 같은 대중의 무리가
야간승마에서 돌아오지 않는 지도자를

연호할 때
뭇발길에 채인
말 옆구리에서 배나오는
땀

말아,
네 눈을 들여다보다 문득
너에게 순치되기로 작정한 순간
비로소 눈치챘어

버팅기는 것만이
뾰족한 수가 아니라는 걸

Y

내가 사는 길목마다
니 몸내 나지 않는 곳
있을까?

마음속 체 눈을
더 성긴 것으로 바꾸어도
헛일

얼기미에조차 얼금
얼금 걸리니……

상괭이도 너끈히 삐져나갈 만큼 코가 큰 그물로 교체하여야겠다

물밑바닥 암초에 걸려 추 다 떨어지고
찢어진 그물이 풍력발전기 날개처럼 너풀거리는데
속살속살 속살 걸려 올라오는 목소리

목성 골짜기 깊숙하게 말을 숨기고 숨죽여도 저만치 안개 낀 성간에서 하늘
　하늘 훌라후프 돌리는 허리

　사랑의 흔적은 지울수록
　푸른 바다에서 작살에 찔린 짐승 피같이
　번져

　아직은 가본 적 없는 우주모퉁이 어디쯤
　니 그림자 어룽이지 않는 곳
　없을까?

향산재 響山齋 *

귀엣말을 대통에 넣고 흔들면
욜랑욜랑 호반새 꼬랑지처럼 추임새 추썩일까?

대통에 호반새 한 마리 넣고 흔들면
민물맑은탕에 막걸리라도 한 사발 쭐렁일까?

대통에 구공 九空 뚫고 숨결을 불어
구공탄에게처럼 불을 지피니

대낮에도 별들이 끌려 내려와
맨눈에도 또렷또렷 또렷

꾀꼬리랑 뻐꾸기며, 장끼 까투리 부엉이 올빼미 황새, 거기다가 오목눈이 동고비 휘파람새에 극락조 나이팅게일까지…… 온갖 새들 대통을 비리집고 나오며 취송 吹松 *음률에 젖어
　서촉새 시늉

섯초옥 서촉 섯서촉 서촉서촉……

젓대 소리로 눈물 튕겨

하늘을 여는,

* 경상북도 경주시 안강읍 옥산서원길에 자리한 대금공부방.
* 김동진(金東鎭, 1938~1989) 선생의 호.

명命

해삼이 지 먹을 게 없으면 먼저
내장을 버리고
몸무게 줄여 버틴다 하네

그런 줄도 모르고 나는
해삼을 썰다가
후루룩

문어는 먹을 게 없으면
지 다리를 뜯어먹으며
새 다리가 돋을 때까지 기다린다네

그런 줄도 모르고 나는
삶은 문어다리를
질겅질겅

온갖 것들로 채워진 장기臟器여
나도 열흘쯤 굶게 되면

베갯잇이라도 뜯어먹고 웅크릴 거야

그런 줄도 모르고 당신은
확인해 보겠지 발길로
툭툭

3부
수평선

수평선
– 첫사랑

내가 여남은 살 적부터

여태껏

나풀나풀 나풀대는

주름치마

끈

수평선
― 적삼

바다 적삼에
하늘 동정 덧대었다
물거울 깊이 가라앉은

래
고
염
수
긴
흰

꿈이나
꿀까?
속적삼 오라기 같은
새털구름
한 깃
……… 하늘
하늘

수평선
– 국궁國弓

저 활에 궁깃 빳빳한 살을 메겨 힘껏 시위를 당기면
목성까지는 너끈하게 날아가지 않을까?

…… 관중貫中이오!

수평선
– 엘피판

그대는
하루 한 바퀴씩만 도는 엘피판
멀리 외딴 배는 파도자락을 넘나드는
턴테이블 카트리지

바늘
물밑에 드리우고
왕돌초 바위틈 깊숙이 돌돌 말아 숨긴 흰긴수염고래와의 숨결을 증폭시켜
우주로 송출하니,

마른번개 치고 쌍무지개 뜨는 대낮에도
별들은 서로를 끌안고
카바레인 양 성간을 돌지

당장 성단星團끼리 맞부닥뜨린다 해도
걱정 끈 놓아도 되는 것은
그대가 멈추지 않고 돌기 때문

수평선
– 철모

늙은 떠돌이 병사
어얼쓰* 상병이 쓴 녹슨 철모

총탄을 맞아도
화이바*가 뻥 뚫리지 않는 한

이 별의 바다는 물론
이별의 바다도

끝이 아니라
시작이다

* Earth.
* 파이버(fiber)의 비표준어. 섬유로 만들어 철모 밑에 받쳐 쓰는 모자.

수평선
― 블랙홀

바닷가 방 창틀에 턱을 괸 수평선은
꼭두새벽부터 풀가동되는
사랑가속기

어두움 둥근 회랑 속에
너랑 내 실핏줄 돌돌 말아 넣고 광속보다 더 빠르게 돌려
마이크로웨이브로 솟구칠 때

우리,

우주로 방출된 명주잠자리
하트 지은 채
은하를 유영할까?

별구름 그림자 어룽이는 모래언덕 어디쯤 알 슬면
블랙홀 속 별귀신
알찐거리는 별들을 깡그리 낚아채 녹여먹고

<

우주명주잠자리로 우화하여

또 하트를 짓고

수평선
— 귀향

  바닷가 빌딩은 왜 자꾸 올리는 거야
  왜들 그렇게 높이 쌓아올려 쉽사리 들통나게 하는 거지?

  가마득한 벽을 바다에 누인다
  한 발짝씩 젖어들 때마다
  두어 발짝씩 달아나는 수평선을 에스컬레이터로 바꾸고 나는 첩첩 겹친
  해령을 도로 넘는다

  추억이 뽀송뽀송한 벌을 가로질러 쪽다리를 건너니
  나지막한 산 밑 외딴집 한 채
  부뚜막에는 보리밥 소쿠리
  엄니는?

  아직도
  혼인색 띤 불거지는 거문고 뜯는 직녀의 술대를 겨냥하여 튕겨오르고, 내가 안장도 없는 수숫대말 타고 조붓

한 길을 내리닫고 있다

  손뼉 몇 번 쳐 날려 보낼 수 있는 뒤꼍 노나무 가지에 앉은 별들의 휘파람 소리며 큼큼거리지 않아도 허파꽈리 그득 차 넘치는 벽장 흙비름빡 냄새, 똥간 옆에 있어 더 달착지근한 골담초, 그리고 처마에 맺혔다가 똑, 장배기에 떨어지는 지지랑물……

  새곰한 육즙이 흐르는 복사꽃밭머리에 비쭉이 들어선 모텔, 나는 물침대를 나선형 목조계단으로 개조하고 내려가기 시작한다 한 칸 한 칸 내딛으면 빙빙 도는 건 거저먹기, 나이를 거슬러 내려가는 것은 서먹서먹해서 즐거운 진동이다

수평선
– 배변

욕지도 동섬 쇠고락 갯바위에서
엉덩이를
깐다

애앵—
똥 덩어리 떨어지기도 전에 왈기는
UFO

다리샅 사이로
하늘과 바다가 자리바꿈질 할 때,

구릿한 동남풍에 떼밀려오는
모사사우루스 등딱지 같은 실루엣

좌사리도

저 섬에서/ 한 달만/ 그리운 것이/ 없어질 때까지/ 뜬 눈으로 살*면

원 없이 바라보겠지

　　그래도 눈만 감으면 상사병 도진 미친 년*같이 달려들까, 수평선
　　그대

　　* 이생진, 「無名島」 부분.
　　* 좌사리도에는 제3공화국 시절 무장공비 준동으로 인하여 무인도가 될 때, 홀로 남겨진 넋 나간 처녀의 원혼에 얽힌 이야기가 낚시꾼 사이에 구전됨.

수평선
― 복사꽃

도로를 내로 바꾸고
차는 쪽배로 바꾸면
흐르고 흘러 닿을 수 있을까?

무릉武陵

복사꽃 붉게 핀
바다가 보이는 언덕에서 젓대를 불면
가까이 더 가까이 다가와 내 무릎을 베고 눕는 수평선

설익은 음률에도 바다는 파도를 파견하여 장단을 맞추고 추임새로
보구치 복복
성대는 분홍, 꽃분홍

복사꽃 풀 풀풀 흩어질 때
자꾸 뒤돌아보며 작별하는 어깨 너머
화개花開를 기약할 까닭들이 차곡차곡 차곡 쟁여진 고

리짝이 있어……

   내는 다시 도로로 바꾸고
   쪽배를 차로 바꿔
   밟아, 밟고 또 쌔려 밟으면 세월을 추월하여 먼저 닿을 수 있을까, 내년, 후년, 내후년 치

   도원桃源

수평선
― ㅎ

분교장이 있는 섬마을이 있어
목덜미에 흰 테를 두툼하게 두른 목양견 콜리 튀기, 우리 흰테 데불고 전근하였지

온 섬을 둘러보아도
수평선이 둘러쳐진 울안에는 암캐들만 득시글득시글
복날도 되기 전에 ㅎ은 강생이만 남고 감쪽같이 사라져 오직 흰테 한 마리뿐

복도 많은 우리 흰테

머지않아 섬 안 강생이들이 죄다 목에 흰 테를 두르게 되었지 가끔 거나하게 흔들리는 샐녘 언덕 저만치 어슴푸레한 수평선 위에 흰테가 예인선인 양 다가오곤 하였어 기특한 녀석, 목사리는 어찌 풀고 예까지 마중 나왔누?

컹컹

<

 ‒ 저 녀석, 흰테 아들놈 아냐? 지 할애비도 몰라보는 후레자식 같으니라고⋯⋯ 흰테, 너! 자식 교육 어떻게 시킨 게야?

 검보라색 외투 벗어들고 코발트블루 원피스를 찰랑이며 풋,
 바다가 웃는다

수평선
— 박바위*

그날 우리는 구룡포항 방파제 아래 수평선을 매놓고
말목장성 언덕을 감돌아 응암산 박바위에
올라섰다
그런데,

객석인 양 마련된 널따란 바위 마당에
바다가 이동극장 스크린처럼 펼쳐져 있고
바지랑대 몇 개를 이어 괸 빨랫줄같이 수평선이 높다
랗다

수평선 아래 배
배 흘수선 아래 갈매기
갈매기 날갯죽지 아래 읍내 지붕이 올망졸망한
영상

동해는 그믐사리 간만도 긴가민가한데
등산객 찾는 토요일이라고
야트막한 산이 이리 높이 해수면을 끌어올릴 재주가

어디 있었누?

   산꼭대기 움푹 팬 바위 웅덩이에 괸
   물에 손을 담그니 리모컨을 누른 듯 화들짝
   화면이 바뀐다

   속보,
   누가 조금 아까 매, 아니 부엉이처럼 훌훌 벼랑을 날
아내렸다는

* 포항시 구룡포읍에 있는 응암산 봉우리 이름. 해발 158m.

수평선
― J

니 가슴속 여에
얼마나 깊은 시추공을 뚫어야
마그마가 쏟아져 나오겠니?

포항 지열발전소 구녁 깊이 4.5km로는 어림 반 푼도 없고
한 열 배쯤 후벼야 풀떡풀떡 풀떡일
시뻘건 짐승

시뻘건 짐승이
시뻘겋게 내뿜는 입김으로 보일러를 달구면
수평선 아래로 되밀려가는 세월역주행열차를 전속력으로 운행할 수 있을 거야

내가 거기에 훌쩍 올라타면
앳된 얼굴로
J

별안개 자욱한 차창 밖을 내다보며
객실에 외따로 앉아 있겠지

수평선
― 봉황산*

포항에서 7번 국도 타고 북쪽 지경을 지나
화석박물관 솔숲 샛길 따라 솔방솔방
뒷짐 지고 올라간다

산등성이 위로 손바닥처럼 활짝 바다가 펼쳐지고
봉황이 가슴을 슴벅거리며
날아내리는
벼랑

소나무들이 갯장어 시늉하여 꿈틀
꿈틀거리는 그늘에 앉아
구름이 자맥질하는 바다를 빤히 들여다본다

 털소라 짙은 향 풍기며
 하얗게 흩어지는 파도 숨비소리
 손차양이랑 동심원을 이룬 수평선에서 배들이 꾀꼬리
버섯처럼 솟아오른다

바다에서는 이미 실체를 숨길 수 없어
낙동정맥 연봉 위 회색차일구름 속으로 잠행하는
흰긴수염고래

누구냐,
누가 왜 남 뒷덜미 움켜쥐고
자꾸 발길질해대는 것이냐?

* 경북 영덕군 남정면에 있는 산, 해발 271m.

수평선
― 학꽁치

양포 방파제 테트라포드에 올라 곤쟁이 몇 주걱 흩뿌리니 굼질굼질 굼질 울트라마린 블루 캔버스 가득 빗금을 그으며 부상하는 학꽁치 떼

작은 미끼를 물고 파드닥
꼬리치는
학

날개 없는 것들이 날아오르려면
눈 질끈 감고
미끼를 물어야 하나?

패스워드를 누르면 펼쳐지는
둥근 물침대

바다는 브래지어 끈 끌러 던지고 너울
너울너울 자지러지고……

살근살근 살구색 부표 한 기
수평선 위로 잠망경처럼 떠오르네

수평선
– 오징어

날 궂는 밤이면 너는 흡반을 들이대고
내 가슴 복판에서 그리움 화농한 고름을 빨아내고

나는 귀때기부터 잘근잘근 잘근
니 몸내가 입안에서 괴괴하게 버무려지네

겨울로 가는 인동덩굴이며 타래붓꽃 잎줄기들이 갯바
람에 모지라진 까꾸리개* 둔덕에서 엿치기하듯 수평선
을 도막도막 분질러 우리 둘이 우물우물 우물거리니

밤바다는 원근 없는 벽이 되어
벌떡 일어서지

어둠이 집어등 불빛으로 위장하고
바다로 흘러드는 도랑 덤불 속으로 뒷걸음친
족적

암말 않고 니가 수평선을 배꼽 위에 얹고 뒤척일 때

파도는 독수리바위 모롱이를 거뭇거뭇 감도네

* 포항시 호미곶면 대보리에 속한 갯가.

수평선
― 말

칸칸이 실린 말들이
수송선을 타고 간다

이따금 갑갑궁금한 말이 삐져나와 풍덩, 할례를 하고
알말을 탄 여인이 말갈기를 움켜쥐고 넘실넘실
물마루를 넘나든다

태양이 적도 눈금 아래로 가라앉고
밤이슬을 먹은 별이 밤나무나방처럼 별 가루를 털어대자
말들이 수런수런

해파리들이 촉수를 뻗쳐
말만 빼곡한 뱃전을 기어오른다
가랑잎 배를 모는 그들에게
말은 필요가 없다

선창을 샅샅이 뒤져보아도

쓰잘데없는
말뿐

누군가 뜬금없이 내뱉은 말발굽에 박힌 편자가 순금이라는 말을 곧이곧대로 믿고 암말이건 씨말이건 거세한 말이건 가리지 않고 서둘러 떼어내려다 모두
말 뒷발에 채여 너르디너른
바다가 외마디 해무로 아득하다

말 없는 발이 수평선 너머 천리를
헤엄치랴

수평선
– 갯메꽃

토요일 오후는 분홍바다

나는 수평선 위에 낮달로 둥둥 떠 있고
흰긴수염고래는 내 등을 밀고……

파도가 궁금한 틈새로 더듬이를 디밀어도
우리는 훌라후프를 돌려 바닷속 산맥을 뭍으로 감아 올리며
건배!

타월은 젖은 타일 바닥에 들러붙은 불가사리
천 갈래 만 갈래 스멀스멀 스멀거리는 빨판으로 우리가 배설한 분홍을 흡착하고는 하지

내가 수평선 아래로 까무룩 가라앉으면
니가 송장헤엄으로 띄워 올려서……

우리는 다시 대낮,

지열발전소 직근 끄트머리께 180℃를 넘어 마그마에 닿을 때까지

　저녁 늦은 바다는
　멀리 늘어진 수평선을 서리서리 서리며 윤곽을 지우고 있네

해일, 그 이후

이윽고 휘파람을 불며 드러나는 해안선, 표절은 이미 살아가는 방편이어서 추억은 모두 바다 쪽 들창 들추고 바지를 까내리지

■ 해설

말과 사물, 또는 그리움이라는 길별

김상환 (시인·문학박사)

섯초옥 서촉 섯서촉 서촉서촉……

젓대소리로 눈물 튕겨
하늘을 여는,

— 「향산재響山齋」 부분

1.

"별들은 어떻게 물을 구할까, 그늘이 사라지는 곳은 어디일까, 새들은 어디에서 마지막 눈을 감을까……" 파

블로 네루다의 시집 『질문의 책』은 예의 물음들이 처음부터 끝까지 이어진다. 그 물음의 끝에는 그리움이란 별이, 시가 있을 터. 그리움의 기원으로서 하나-신에 대한 인간의 갈망, 갈애homo desiderium dei에는 별sidus과 천체의 의미가 내포되어 있다. 어둑한 하늘에 한 무리의 새 떼처럼 엄습하는 그 "그리움은 먼저 길 떠난 별들의 갈기"(「흘러간 그 노래」)이며, 또 다른 나에게로 가는 여정이다. "그리움Sehnsucht에서 h에 의해 길게 늘어나는 e는 그리워하는 자와 그리움의 대상 간의 거리를 나타낸다. 이는 둘 사이를 갈라놓은 거리 너머를 응시하는 먼 바라봄"(막스 피카르트, 『인간과 말』)이다. 외부를 지향하는 만큼이나 내부로 파고드는 고통과 슬픔, 동경과 좌절은 서정시의 운명이자 형식이다. 베르시피코 에르고 돌레오(Versifico, ergo doleo; 쓴다, 고로 나는 아프다), 그것은 빛과 어둠이 공존하는 별에 닿기 위해 우리가 맞닥뜨려야 하는 자기 고백이자, 존재론적 글쓰기다. 여기엔 죽음마저도 두려워할 이유가 없다. 죽음과 마주하여 갖는 태도 가운데 가장 직접적인 것이 정념情念이라면, 그리움만 한 게 있으랴. 그리움은 "그"가 거하는 처소rium이자, 종내는 〈나는 누구인가〉에 대한 질문이다.

"사람들은 산봉우리, 바다의 무시무시한 파

도, 아득히 흘러가는 강물, 대양의 물거품, 그리고 천체의 궤도 등을 경이로운 시선으로 바라보기 위하여 가면서도 정작 자기 자신에 대해선 주의를 기울이지 않는다."

  – 프란체스코 페트라르카F.Petrarca의 「방투산Mont Ventoux 등정기」에서

 차영호는 말과 사물, 내면-세계의 공간, 실재의 깊이를 향해 그리움을 연인처럼 대하는 서정 시인이다. 그는 또한 '혜초'라는 닉네임을 가진 선사이기도 하다.("혜초 선사의 본명이 궁금해질 찰나/ 혹시 차영호 아냐?", 「혜초선사의 본명」). 이번 시집은 도합 49편을 수록하고 있어 중유中有의 세계로서 생사에 깊이 관여하고 있으며, 그 사이 존재로서 길의 이미지를 축으로 한다. 『목성에서 말타기』의 시와 세계는 이러한 길과 그리움을 주제로 한 천체 이미지, 동·식물적 상상력이 돋보인다. 그에게 있어 시는 말의 관입貫入이자 관중貫中이다. 관입이 추호의 걸림도 없이 사물의 안을 꿰뚫고 나아가는 것이라면, 식물의 뿌리(根莖)와도 같은 관중은 시위를 떠난 활의 살이 표적에 명중하는 것이다. 아니, 표적 너머 저 하늘로까지 날아가는 것이다("저 활에 궁깃 빳빳한 살을 메겨 힘껏 시위를 당기면/ 목성까지는 너끈하게 날아가지 않을까?// …… 관중貫中이오!", 「수평선-국궁國弓」). 시의

"말은 거울"(「시작詩作」)과도 같이 모든 것을 비추고, 말과 사물이 만나는 지점까지 내려가 내면의 빛을 발한다. 그 거울은 보이는 것은 물론, 보이지 않는 것조차 환히 밝혀 드러내는 마음의 거울을 말한다. 시의 말과 거울은 천년의 바람과 경전이다("천년 전에 하던 장난을/ 바람은 아직도 하고 있다는 말씀은/ 경전이다", 「매향 출두埋香 出頭 – 박재삼 선생 시 「천년의 바람」으로부터」). 그럼, 이번 시집의 서시 격인 「목탁」을 먼저 보기로 하자.

살구꽃 그늘에서
살구나무를 깎는다

살구나무 나이테 속에 웅크리고 있던 새들이
포롱포롱 포롱 날아나온다

살구꽃 가지에 기대 울다 별이 된
그날 저녁처럼
오늘도
스피카Spica*는 눈자위를 흘기고 있을까

추억은
켜켜이 괴어 화농한 미련을 따라내고
독주毒酒를 부어 다시 채운
독

흐릿한 것이 돋보기 너머 세상만은 아닐지라도
　　　처녀자리에 붙박인 별이여,
　　　니 눈은
　　　내 혼신이 녹아든 목탁

　　　목탁을 두드리는 것은
　　　새를 도로 잡아넣는 일
　　　세월 밖에서 별의 댕기를 만지작거리는 거야

　　　* 처녀자리에서 가장 밝은 별의 이름.
　　　　　　　　　　　　　　　－「목탁」 전문

　목탁은 나무의 안을 텅 비게 하여 나무 채로 칠 때 울리는 소리가 나게 만든 불구佛具의 하나이다. 고즈넉한 산사에서 들려오는 목탁 소리에는 세상의 번뇌와 고통을 멀리하고, 잠든 영혼을 깨우는 신비로운 힘이 있다. 목탁은 살구나무 고목이라야 청아한 소리를 얻을 수 있다. 이 시에서 '목탁'은 별의 애틋한 눈/빛("살구꽃 가지에 기대 울다 별이 된")이자, '나'의 "혼신이 녹아든" 사물이란 점에서 남다른 데가 있다. 맑고 밝은 별, 스피카 Spica는 순수한 그리움의 표상으로서, "목탁을 두드리는 것은 (......) 별의 댕기를 만지작거리는" 일이다. 희미한 "나"의 기억, 그 뒤안길에는 아쉬움과 미련이 남아 있다. 쓰디쓴 아픔("독주毒酒를 부어 다시 채운/ 독")의 시간들이 쌓여 있다. 내 그리움의 기원은 목탁을 처음 만드는 순간처럼, "살구꽃 그늘에서/ 살구나무를 깎는" 일에서 비롯된다. 보이지 않는 곳에서 제 살을 깎아 내는 아픔으로 원만구족圓滿具足과 소리의 울림, 깨어있음이 그 안에서 이루어진다. 그런 연후, "살구나무 나이테 속(에) 웅크리고 있던 새들"이 마침내 하늘로 날아오른다. 새는 공空의 감수성이며, 에피아 프테로엔타epea ptroenta, 즉 날개를 단 말語이다. 차영호 시인은 처녀자리 별Spica이다. 그런 만큼 순수한 정신과 예술적 감수성이 있다. 그가 허령虛靈한 마음으로 목탁을 치게 되면, 흩어진 새들은 다시 제 집을 찾아들고, 천지간 고통은 사라진다. 이 시에서 목탁은 사물 이상의 의미를 갖는다. 그것은 자연(나무)의 입술이자 말이다. 이번 시집을 보면,〈목탁·말言·목성·말馬·명命·밀밭·몽골·물(양귀비)·매향·몽유〉등 입술소리인 '미음(ㅁ)'이 유독 눈에 많이 띤다. 시의 묘처妙處가 "초록을 기억하는 내외"(「늦은 아침」)의 계합契合으로서 닫힌 열림에 있다면, 미음(ㅁ)은 그 경계역이자 또 다른 그리움의 표지標識를 나타낸다.

2.
천체(별)에 이어 또 다른 이미지와 상상력의 매개물로 '새'가 있다. 고흐의 비극적인 죽음을 환기하는 시 「자고새가 나는 밀밭」("아아, 그리운/ 총성銃聲// 바다로 열린 밀밭길")을 보면, 그리움은 죽음-총성으로 설정되어 있으며 밀밭은 바다를 향해 열려 있다. 바람에 일렁이는 밀밭과 바다의 물결이 서로에 대한 그리움으로 이어져 있다면, 그림은 그리움에서 왔다. 내 안의 "그리움은 먼저 길 떠난 별들의 갈기"(「흘러간 그 노래」)이거나, 광야에서 외치는 자의 소리다. 총성이다. 밀밭 위로 한 점, 자고새가 난다. 자고새는 높이 날지 않는다. 자신이 낳지 않은 알을 자기 알로 여기고 새끼를 부화시키는 특성이 있다. 고흐의 그림과 그리움에는 까마귀와 밀밭, 천둥과 구름이 있다. 자고새가 나는 봄이 되면, "하느님은 대지의 표면을 새로이 한다." 사람들의 이야기가 밀의 이야기와 같다는 고흐, 그의 말 속에는 인간과 삶의 비와 밀이 있다. 생명과 죽음, 영원의 신비가 들어 있는 이 한 알의 밀을 보며 고흐의 밀밭과 자고새, 소낙비를 그리워하는 시인은 이렇게 말한다. "새는 어디로 가고/ 나는 어디론가 영원히 떠나온 듯하다" (윤후명,「자고새」). 다음 작품을 보자.

꾀꼬리랑 뻐꾸기며, 장끼 까투리 부엉이 올빼미 황새, 거기다가 오목눈이 동고비 휘파람새에 극락조 나이팅게일까지…… 온갖 새들 대통을 비리집고

  나오며 취송吹松 음률에 젖어
   서촉새 시늉

  섯초옥 서촉 섯서촉 서촉서촉……
  젓대소리로 눈물 튕겨
  하늘을 여는,
        – 「향산재響山齋」 부분

 시제로 주어져 있는 '향산재響山齋'는 전통 국악기인 대금을 배우는 장소다. 한국의 전통 악기 중 죽부竹部에 속하는 공명 악기 대금은 저䈂나 젓대라고도 부른다. 비어있음으로 충만한 그 소리에는 온갖 새들-꾀꼬리, 동고비, 소쩍새, 휘파람새, 극락조 등-의 공명이 있다. 그것은 불협화음의 화음으로서 세상의 모든 슬픔과 단절을 기쁨과 이음으로 승화시켜 새로운 바디를 형성한다. 하나의 젓대가 내는 소리는 극히 단조로워 보이나, 내부의 소리 마디 마디에는 실로 다양한 음색이 하나의 흐름으로 주어져 있다. 차영호 시의 특징은 음성상징어나 의태어의 효과적인 활용에 있다. '소쩍~ 소쩍~' 하고 우는 소쩍새의 울음을 "섯초옥-서촉-섯서촉-서촉서촉"으로 다양하게 변주하는 음감이란 정말이지, 탁월한 데가 있다. "욜랑욜랑 호반새 꼬랑지처럼 추임새 추썩일까"라든가, "사월사월 모래톱 허무는/ 사월"(「사월」)도 매한가지다. 생각하면 모든 그리운 것들은 서쪽에 있다. 밤하늘 구슬픈 젓대 소리가 허공 속으로 흩어져 서촉·파촉으로 가고, 그 눈물로 하늘이 열린다. 젓대소리의 울음으로 "삼생에 부모 여읜/ 삼천 아이가/ 울고"(「사월」), 그 울림은 그리움의 끝간 데를 지향한다. 다음은 물과 옷이 한데 어우러진 상상력의 시편들이다.

바다를 내가 만나기 훨씬 전부터
바다색 주름을 나풀거리기 시작하여
바닷가에 눈 딱 감고 눌러살아도
바다 가득 찰람찰람 찰람대는
바다색 주름
치마
　　　　　 ─「영춘永春을 지나며」 부분 ①

바다 적삼에
하늘 동정 덧대었다
물거울 깊이 가라앉은

　　　　　　　　래
　　　　　　　　고
　　　　　　　　염
　　　　　　　　수

            긴
            흰

         꿈이나
         꿀까?
      속적삼 오라기 같은
            새털구름
         한 깃
      ········· 하늘
            하늘
                  －「수평선-적삼」 전문 ②

  ①에서 바다는 주름이다. 치마다. 그 주름치마 속에는 바다에 대한 아름다움과 비밀이 켜켜이 쌓여 있다. 그 접힘과 펼침의 주름, 바다는 우리가 태어나기 훨씬 이전부터 존재해 왔다. 금굴과 남굴의 구석기 유적이 있는 단양 영춘永春을 지나면서, '나'는 생각한다. 인간의 삶이란 바다의 수면에 찰랑대는 물결에 지나지 않는다는 것을. 그리고는 G·바쉴라르의 『물과 꿈』에 나오는 몇몇 구절을 떠올려 본다. "모음의 a(아)는 물의 모음이다. 대지의 참다운 눈은 물이다. 물은 삶과 죽음 사이의 조형적인 매개자" 라는 전언이 바로 그것이다. 바다는 꿈이자 길벗이며, 동경의 근원이다. 물은 생사를 잇는 사이 존재로서 무無이자 모든 것이며, 모음의 비밀이다. 한편, ②

의 경우는 포멀리즘formalism이란 기법을 통해 수평선의 형태를 공간화하고 있는 점에서 이채를 띤다. 여기서 바다는 적삼이다. 적삼은 홑이다. 하나다. 하얗고 곧은 동정은 그 하나에 이르는 길이다. 맑고 곱고 얼비치는 물항라 저고리는 얼마나 아름다운가. 그것은 하나로서, 기원으로서 물이 지닌 바다의 색깔을 닮은 때문이다. 씨줄과 날줄이 만나 옷이 되듯이, 빛과 어둠이 만나 별이 되고 언어의 씨줄과 날줄이 만나 시가 되는 이치는 또 얼마나 신비로운가. 옷은 답을 알고 있다. 물속 깊이 가라앉은 흰긴수염고래가 어떻게 하면 새털구름같이 하늘하늘한 속적삼이 되고 하늘이 되는가를. 차영호 시인의 꿈은 하나의 모음 '아'와 바다의 "모음 '아'는 물의 모음"이라는 것을 아는 데 있다. 그 모음은 빛의 소리이며 접接의 현상(학)이다. 이를 알기 위해 시인은 무던히도 "울지(도) 못하고 날아간 매미"처럼, "물큰/ 폭발하는 그리움버섯"(「화개花開」)처럼, 숱한 불면의 나날을 보내었으리라. 그리움은 너머-여기의 경계가 하나의 경지로 변양變樣되는 순간이다. 영원이다.

   그의 시에 나타난 천체와 동식물의 상상력은 그리움의 주제와 함께 '길'의 모티브로 이어진다. 「물양귀비」("저 물밑 어디쯤에서/ 그리운 노랑 꽃낯 보조개/ 너와 내가 맞잡았던 손울타리 넘어/ 먼 길 나설 채비를 하고 있을까?")에서 보면, 먼 길을 나서는 꽃, 물양귀비는 뭍이 아니라 물에서 산다. '깨끗하고 청순한 마음'의 꽃말을 가진 그것은 청초하고 아름다우며 황홀하기까지 하다. 하지만 하루의 수명이 고작이다. 그럼에도 불구하고, 오염된 수질을 정화시키고 여타 수생 식물의 서식지로, 보금자리로 기능하는 것은 "알요강같이 박혀 있는/ 바다"(「물양귀비」)의, 물의 도道와 덕德 때문이다. 물 밑 어디쯤에서 올라오는 그리움 때문이다. 그리움은 길의 저편에 있다. 호모 비아토르Homo viator, 인간은 길 떠나는 나그네로서 시인은 현실과 상상의 가교를 오가며 산다. 그 이동 수단으로 차영호 시인에겐 말馬이 있다. 「몽골초원 스냅」("말을 타고 물을 건넙니다/ 말 잔등에 올라앉아/ 물을 건너기는/ 처음,// 말은 눈을 꿈쩍여/ 대수롭지 않은 일임을 천명하고/ 묵묵히 개울 바닥의 자갈돌을 다져 디디며/ 나아갑니다// 물 복판에 서니 문득/ 앞쪽도/ 뒤쪽도/ 모두 건너편// 강물이 낯선 말장화 속으로 초근초근 초근 스며들고/ 까닭 모를 눈물이/ 돕니다/ 핑")을 보면, 초원과 말의 고장 몽골에서의 승마 체험이 잘 나타나 있다. 물의 한가운데서 시인은 경계를 만난다. 물을 건넌다는 것은, 어쩌면 까닭 모를 말言과 마음의 강을 건너는 일이다. 물의 눈에서 갑작스러운 현기眩氣나 현훈이 아니라 현현한 기틀로서 현기玄機를 느끼는 것, 그것은 있으면서도 있지 않고 없으면서도 없지 않은, 묘오한 기운이다. 다음은 이번 시집의 표제작으로서, 시인의 말타기를 소재로 한 길의 시편이다.

2.
몇 해 전 죽은 말이 뻑뻑
유리창에 코를 문질러댄다

밤새 푸르릉거리다가
이윽고 멎는
뇌성

유골이 된 가슴팍에는
그을음만 자욱하다

3.
마방 친구여, 잊지 마오
기억이 멈추는
행성

낡은 말 몇 마리 토닥여
마필 대여업을 하려면
그대 손결이 꼭 필요한
피안

4.
목성의 연인 이오와 유로파가

말과 어깨를 겯고
저녁 하늘 나직하게 산책하고 있네

그녀들이 샐쭉 눈 흘길 때마다
뭉그적거리는
말

어제는 서쪽으로 두어 걸음 앞선 게 말이었으니
내일쯤은 그녀들이 한발 앞장서겠군
― 「목성에서 말타기」 부분

    이 시의 소재는 지상의 몽골이 아닌 천상의 목성에서 말타기다. 이는 시인의 순전한 상상이자 꿈의 놀이다. 밤하늘 별을 보고, 별천지에서 말을 타고 있는 시인을 상상해 보는 일은 생각만 해도 즐겁고 유쾌한 일이다. "타라스콩이나 루앙에 가려면 기차를 타야 하듯이, 별까지 가기 위해선 죽음을 맞이해야 한다"(고흐,『영혼의 편지』). 아닌게아니라, 시와 예술은 죽음에 대한 인식에서 출발한다. 이미지image의 직접적인 어원으로서 이마고 imago는 '유령 혹은 밀랍으로 된 조상의 초상화'란 의미를 지닌다. 시의 이미지 또한 그 '죽음과 시간 앞에서 느끼는 불안을 형체화'(송태현,『이미지와 상징』)한 것에 지나지 않는다. 인용시 2에서 "몇 해 전 죽은 말"이나, "유골"의 이미지도 그 연장선에서 시적인 분위기를 형성

한다. 3에서 말은 기억의 행성이자 피안의 세계다. 거기에 가 닿기 위해선 "깊숙하게 말을 숨기(거나) …… 저만치 안개 낀 성간星間"(「Y」)을 통과해야 하고, 오래된 말〔言〕이나 "낡은 말〔馬〕"이 필요하다. 4에서 산책은 대지에서 하늘을 사유하는 행위에 속하며, 저녁 산책에서 말은 현실과 상상-신화의 공간을 이어준다. 이런 말을 매개로 하여 목성의 위성인 '이오'와 '유로파', 그리고 시인의 사랑에는 서로가 앞서거니 뒤서거니 하여 인간적("그녀들이 샐쭉 눈 흘길 때마다")인 데가 있다. 목성-나무별에서 말타기는 시인이 아니고선 불가능한 일이며, 시인이라 하더라도 승마 체험이 없는 경우는 상정하기 어려운 일이다. 바퀴를 보면 굴리고 싶어 하듯이, 높은 나무를 보면 우리는 하늘까지, 별까지 오르고 싶어한다. 말은 길이 곧 별의 다른 이름임을 말해 준다. 그 길을 꾸준히, 일념으로 걸어서만이 우리는 하늘에 가 닿을 수 있다. 하지만 별은 하늘에만 존재하지 않는다. "우리 집 뒷베란다가 우주를 응시하기에 그 어디에도 뒤지지 않는 장소"(하워드 E. 에번스,『곤충의 행성』)인 것처럼, 귀뚜라미 같은 미물 또한 우주의 소리를 듣고 우주와 교감하는 또 다른 행성이다.

3.

차영호의 시집『목성에서 말타기』는 "살구꽃 가지에

기대 울다 별이 된"(「목탁」) 한 늙은 소년의 동화이자 몽유도夢遊圖다. 그리움으로 나 있는 길별이다. 그 꿈과 길, 별의 라이트모티브leitmotiv는 그리움의 표상이자 실재로서, 기실은 마음의 동리洞里에 이르는 어귀다. 그는 말과 사물의 친연성을 최대한으로 확보하여 서정시의 아름다움과 깊이를 새롭게 선사한다. 49편으로 된 중유中有의 시와 세계는 시작에 대한 시작으로서 현실과 환상의 가교를 넘나든다. 물과 별, 꽃과 새의 중심 이미지와 상상적 공간은 편의적 읽기가 가능해 보여도, 거기에는 시인의 혼신이 녹아들어 있다. 시인이 애지중지하는 말과 말은 또 어떤가. 겨울과 봄 사이, "볼고작작하게/ 숨구멍을 비집고 나오는/ 연둣빛 움"(「골리수액骨利樹液」)처럼, 말의 경계는 시나브로 생명과 빛이 되어 있다. 뭇별이 뜨는 오늘 밤, 나는 그의 무릉에서, 도원에서 젓대 소리를 들을 것이니…….

　　무릉武陵

　　복사꽃 붉게 핀
　　바다가 보이는 언덕에서 젓대를 불면
　　가까이 더 가까이 다가와 내 무릎을 베고 눕는 수평선
　　(……)

복사꽃 풀 풀풀 흩어질 때
자꾸 뒤돌아보며 작별하는 어깨 너머
화개花開를 기약할 까닭들이 차곡차곡 차곡 쟁여진
고리짝 (……)

도원桃源

–「수평선-복사꽃」 부분

목성에서 말타기
1판 2쇄 펴낸날 2021년 6월 10일
지은이 차영호
발행인 洪海里
디자인 방수영
펴낸곳 도서출판 움
등록번호 제2013-000006호
등록일자 2008년 5월 2일
주소 01003 서울시 강북구 삼양로 159길 64-9
전화 02) 997-4293
이메일 urisi4u@hanmail.net
ISBN 978-89-94645-62-9(03810)

값 10,000원

* 잘못된 책은 바꾸어 드립니다.
* 지은이와 협의하여 인지를 생략합니다.
* 이 책의 판권은 지은이와 도서출판 움에 있습니다.
* 이 도서의 국립중앙도서관 출판예정도서목록(CIP)은 서지정보유통지원
시스템 홈페이지(http://seoji.nl.go.kr)와 국가자료공동목록시스템(http://www.nl.go.kr/kolisnet)에서 이용하실 수 있습니다.
(CIP제어번호 : CIP2020045972)

이 책은 문화체육관광부, 경상북도, 포항시, (재)포항문화재단에서 제작비
일부를 지원받았습니다.

차영호車榮浩 시인

충북 청주에서 태어나 경북 포항에 살고 있다.
2003년 시집『어제 내린 비를 오늘 맞는다』(도서출판 전망)를 내어 등단하였고, 시집으로『애기앉은부채』,『바람과 똥』이 있다.
2019년〈우리詩작품상〉을 받았다.
youngghc@hanmail.net